촛불 그리고 사람들

촛불 그리고 사람들

2023년 11월 28일 초판 1쇄 발행

사진 · 글 | 이호
기획 | 촛불행동

펴낸이 | 김완중
펴낸곳 | 내일을여는책

책임편집 | 김세라
디자인 | 박정화, 김다솜
관리 | 장수대

인쇄 | 정우피앤피
제책 | 바다제책

출판등록 | 1993년 01월 06일(등록번호 제475-9301)
주소 | 전라북도 장수군 장수읍 송학로 93-9(19호)
전화 | 063) 353-2289
팩스 | 063) 353-2290
전자우편 | wan-doll@hanmail.net
블로그 | blog.naver.com/dddoll

ISBN | 978-89-7746-866-5 03300

ⓒ 이호, 2023

찰칵찰칵 사진을 찍고 있어
반짝반짝 별이 빛나는 이유

촛불 그리고 사람들

사진·글 **이호** | 기획 **촛불행동**

내일을여는책

발간에 부쳐

촛불 그리고 사람들

기록이 남는 것은 역사가 된다. 여기저기 흩어진 기록들이 아니라 하나로 모아져 흐름을 담는 기록집은 더욱 선명한 역사의 길을 보여준다. 이호 작가의 『촛불 그리고 사람들』이 바로 그렇다.

촛불행동의 출범은 2022년 4월 19일이다. 그런데 그 뿌리는 더 깊다. 우리 역사 1백년 민중의 항쟁사는 물론이거니와, 좀 더 짧게 잡아보면 2019년 검찰개혁 촛불부터라고 할 수 있다. 검찰 파시즘 등장과 그 위험성을 일찍 포착한 시민들의 촛불은 꺼지지 않고 그대로 이어져 검찰독재의 현실에 저항하고 항쟁의 실체를 만들어왔다.

2016년과 2017년의 촛불이 만든 성과는 아쉽게도 지난 5년의 과정에서 후퇴하고 말았다. 2022년부터 타오르기 시작한 제2 촛불혁명은 그런 실패와 과오를 되풀이하지 않으려는 촛불국민들의 의지가 하나로 뭉쳐 성장해왔다. "주권자 국민이 곧 권력"이라는 명제를 실천하고 있는 중이다. 주권혁명, 정치혁명이다.

윤석열 정권이 등장하는 과정에서부터 드러난 국정파행에 대해 경고한 시기에 이어 더는 국민적 피해가 늘어나도록 놓아두어서는 안 된다는 결단으로 윤석열 퇴진 운동이 시작된다. 2022년 8월, 청계천 서울파이낸스센터 앞 계단에서 2백여 명이 채 되지 않는 시민들이 모여 지핀 불꽃이다. 매주 열겠다는 의지는 대단한 각오였다. 그해 10월 22일 전국집중이 시작되었다. 촛불행동의 전국화 시동이 걸린 것이다.

'퇴진'에서 '탄핵'으로 전환한 2023년 하반기 국민항쟁은 이제 윤석열 정권과 그 일당의 몰락을 더욱 빠르게 만들어갈 역량이 집결되는 의미를 가졌다. 『촛불 그리고 사람들』은 이런 흐름을 잘 정리해주고 있다. 결국 촛불이 지향하는 것은 개혁, 정치혁명의 길이다. 윤석열 탄핵은 그 전제조건을 마련하는 촛불혁명의 일환이다.

이호 작가는 이 과정에서 촛불을 든 시민들 한 사람 한 사람에 주목한다. 집단으로 움직이는 힘 못지 않게 개별적 시민의 활기찬 에너지, 분노, 슬픔, 갈망 그리고 실천의 위력을 생생하게 담아냈다. 한 사람이 전체가 되고 전체가 곧 한 사람처럼 움직이는 촛불의 실체가 여기에 있다.

이 기록들은 이호 작가와 촛불국민들이 함께 만들어낸 역사적 작품이다. 그 안에는 벅찬 기세가 솟구친다. 우리는 그 힘으로 우리 함께 살아갈 내일의 집을 견고하게 세워나갈 것이다.

촛불행동

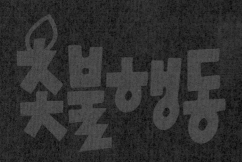

목차

촛불과 사람들… 그리고 작가 이호

고맙기 그지없다. 작가 이호가 촛불집회와 현장을 온통 날아다닐 듯 발로 뛴 열매가 드디어 우리 손에 쥐어졌다. 이건 그저 기록이 아니다. 그의 눈길이 사랑으로 머문 사람들에 대한 서사다. 따뜻하고 깊다.

"모든 권력은 국민에게서 나온다"라고 외쳤던 날들이 있었다. 여전히 유효하다. 그러나 우린 이제 그걸 넘어서고 있는 중이다. '주권자 국민이 곧 권력'이다. 민주주의라는 말의 뿌리 '데모스크라티아(Demoskratia)'는 민중의 지배, 또는 민중의 권력을 뜻한다. 그걸 대리할 사람이 따로 있어야만 작동하는 것이 아니다. 대의제가 정치의 본령이 아니다. 직접민주주의의 일상적 가동이 정치개혁의 진정한 본질이다

권력의 출처는 국민이라고 해놓고 정작 그 국민은 권력 행사에서 배제하는 체제는 더는 받아들일 수 없다. 그건 기만이다. 그래서 촛불은 '주권혁명 중'이다. 이 사진첩은 혁명일지(革命日誌)다. 어느 페이지를 들춰봐도 그날의 뜨거운 함성과 새로운 세상에 대한 간절함 그리고 누구도 가로막을 수 없는 투쟁의 의지가 초전도체처럼 전해져 온다.

어리석고 무도한 자들이 이끄는 검찰 파시즘을 청산하고 우리가 갈망하는 세상을 향해 달려가는 이들의 축제가 여기에 담겨 있다. 때로 울고 때로 웃었고 언제나 우렁찼다. 그 소리들까지 여기에 고스란히 스며있다. 한 작가의 역사적 임무가 이렇게 실현되고 있다. 촛불은 이호를 얻었고 이호는 촛불의 사랑을 얻었다.

촛불의 존재를 인정하고 싶지 않은, 인정하려 들지 않는 부패한 권력과 타락한 기득권은 결국 무너질 것이다. 누가 뭐래도 정의를 자신의 심장으로 삼고 자기 갈 길을 지치지 않고 가는 이들이 역사의 참된 주인이 된다. 이 사진첩은 그 주인 됨의 여정이다. 그러기에 이는 이호의 작품이면서 모두의 것이요, 모두의 것이 될 수 있기에 이호의 작가정신이 더욱 빛난다. 우리는 그렇게 하나가 되어 미래가 될 것이다.

많은 이들의 손에 이 책이 전해지기를 바란다. 그것이 또한 우리의 혁명이요, 펄럭이는 깃발이다. 시간에 퇴화되지 않는 우리 모두의 빛나는 시절이 여기에 있다.

김민웅(촛불행동 상임대표)

함께 끝까지 가 봅시다

비바람에 떨어져 뒹구는 낙엽 위로
빗물이 눈물처럼 적시고

이름도 사진도 걸지 못한 채
낙엽처럼 흩어져 간 영혼들이여!

슬픔으로 마르지 않는 어머니의 눈이
분노를 꽉 물고 있는 아버지의 입술이

꿈쩍 않는 무도한 권력을 질타하는 포효가
불의를 끊어내겠다고 불끈 쥔 주먹이

여기 이호 작가의 사진으로 살아나
그대들을 기억하고 눈물을 닦아주는 위로가 되고

이제 힘찬 연대의 역사가 되고 있습니다.
함께 끝까지 가 봅시다.

이호 야호~
광장의 예술가 이호 야호~

추미애(전 더불어민주당 대표·전 법무부 장관)

촛불을 든 광장에서는 모두 '우리'가 된다

사진집 출간에 붙이는 프롤로그를 써야 한다. 그런데 쓸 필요가 없게 됐다. 이미 너무 많은 분이 글로, 그리고 마음으로 써 주셨기 때문이다. 이미 이 사진집은 모두의 것이 되어버렸다. 광장에서 '자주 대한'의 민주주의 회복을 외치는 모두가 책의 저자가 되어버렸다.

더 높은 곳도, 더 낮은 곳도 없는 곳이 광장이다. 그곳에서 너와 내가 만나 '우리'가 된다. 그렇게 만들어진 '우리'는 역사의 퇴행을 막으려 발버둥을 친다. 하지만 즐거운 발버둥이다. 우리가 함께하는 시간이니까.

촛불은 광장에서 사람들을 밝혀주고 있다. 아니, 어둠의 그림자 속 우리를 서로 촛불로 밝혀주고 있다. 이제 막 100일이 지난 새봄이도, 엄마 손에 끌려 나온 장난꾸러기 유치원생들도, 벌써 세상의 정의를 알아버린 학생들도, 혈기 왕성한 청년들도, 열정 가득한 예술가들도, 중장년의 시민들도, 집회를 이끌어가는 촛불행동의 모든 가족도, 광장에서는 우리가 된다.

사진작가도, 모델도, 글을 쓰는 사람도 모두 우리이기에, 이 책은 오롯이 여러분에게 바침이 마땅하다. 함께한 18개월의 시간을 다 담아낼 수 없지만, 우리의 마음은 향기로 남아 늘 광장을 기억할 것이다.

우리 중 하나, 사진작가 **이호**

As I sit down to pen the prologue for this photographic collection, I find myself at a crossroads of emotions. The words that were meant to encapsulate the essence of this journey seem almost unnecessary now. Why, you might wonder? The truth is, this collection has transcended the realm of individual authorship; it has become a tapestry woven by the collective voices, sentiments, and spirits of the many who have contributed – both in written words and heartfelt emotions. This photographic odyssey, once a mere compilation, has evolved into a shared narrative. In the square, where cries for the restoration of democracy echo frequently, every participant has become an author in their own right.

The square is a place where there is no higher or lower ground in social status. It is a meeting point for you and me, where the 'we' emerges organically. This collective 'we' strives to thwart the regression of history, and yet, it does so with a joyous determination, for it is the time we spend together.

In the square, candles illuminate the people. No, they do more than that; they illuminate us in each other's candlelight within the shadows of darkness. Whether it be 'Saebom', who is 100 days old after birth, mischievous kindergarten kids led by their mothers, students already acquainted with the world's justice, vibrant youths, passionate artists, citizens in their prime, or all members of the Candlelight Action leading the candlelight vigil as well- in the square, each participant all becomes 'us.'

Photographers, models, writers - we are all part of this collective 'us.' Therefore, this book is an offering solely to all of you. Though it may not encapsulate every moment of the 18 months we've shared, our collective spirit will linger, perfuming the memories of the square.

Yi, Ho, one of us

"나의 대통령이 아니다!" 항쟁의 시작

"You are Not my President!" Beginning of a resistance

2022년 3월 서울 통의동 대통령직인수위원회로 행진하는 시민들

대통령선거가 민주진영의 패배로 끝난 후 어느 날, 서울 경복궁 근처를 걷다가 마주친 시민행렬. 그들은 외치고 있었다. **"윤석열은 나의 대통령이 아니다!"**라고.

One day, after the presidential election ended in a defeat for the democratic forces, I found myself strolling near Gyeongbokgung Palace in Seoul. It was then that I encountered a procession of citizens. They were proclaiming: "You are Not my President!"

2022년 8월 청계광장에서 첫 번째 촛불이 타오르기 시작했다.
그건 작은 시작이었다. 하지만 엄청난 불씨였다.

In Aug. 2022, candlelight began to flicker in Cheonggye Square. That was a small beginning, but it was a spark that ignited something tremendous.

우리는 노래하고, 춤을 춘다. 쏟아져 내리는 비도, 추운 겨울의 눈보라도 민중의 노래에 맞춰 춤을 춘다. 너는 듣고 있는가? 성난 민중의 외침을. 너는 보고 있는가? 한 맺힌 민중의 발자국을. 쓰러질 듯, 비틀 거리는 용산 대통령실을 넘어, 진정한 자유와 평등이 있는 곳으로 향하는 민중의 행진을 그 누가 막을 수 있단 말인가? 우리는 덩실덩실 춤을 추며, 저 평등의 땅으로 나아갈 것이다.

소리꾼 백금렬의 열창과 개사된 가사는 촛불 현장을 언제나 뜨겁게 달군다.

We sing, we dance. Whether it's the pouring rain or the cold winter storm, we dance to the tunes of the people's songs. Can you hear it? The resounding cries of the impassioned masses. Can you see it? The determined footsteps of a united people. Beyond the stumbling and faltering walls of the Presidential Office, who can halt the march of the people towards a place of true freedom and equality? We will dance steadily, resolutely, moving towards the land of equality.

The singer Baek, Geum-ryeol's rendition, with the lyrics revised, always passionately warms the candlelight scene.

전국집중
촛불집회
선언

Declaration of
Nationwide Candlelight Vigil

2022년 10월 22일 전국집중 촛불집회가 시작되었다. 8월부터 매주 토요일 모이기 시작하더니 한 달에 한 번 전국에서 서울로 집결하자고 했다. 촛불의 전국조직화의 기점이었다.

The nationwide candlelight vigils began on Oct. 22, 2022. Starting from Aug., people gathered every Saturday, and after a month, they decided to gather once a month from all over the country to Seoul. It marked the starting point of the nationwide organization of the candlelight movement.

2022년 10월 22일 40만
민중의 **집결**

Assembly of 400,000 People on 22th Oct. 2022

한껏 힘을 모아 싸워나갑시다!

Let's unite our strength
and fiercely stand against
the prosecutorial authoritarian regime!

전주에서 천주교정의구현전국사제단의 시국기도회 출범하다.
사제단은 2023년 3월 20일 오후 전주 풍남문 광장에서
'검찰독재 타도와 매판매국 독재정권 퇴진 촉구' 시국미사를 봉헌했다.

The nationwide priests of the Catholic Justice Implementation
Committee launched a national prayer gathering in Jeonju.
On the afternoon of Mar. 20, 2023, at Pungnammun Square in
Jeonju, a patriotic mass urging the overthrow of the prosecution
dictatorship and the demand for the withdrawal of the corrupt
government involved in the sale of power was conducted.

A nation unshaken by external influences

외세에
흔들리지 않는 나라

민주주의를 위한 노래
Song for Democracy

민주주의의

물결 속으로

"민주주의 최후의 보루는
깨어있는 시민의
조직된 힘이다!"

고 노무현 대통령

"The last fortress
of democracy is the
organized strength of
vigilant citizens!"

President Roh,
Moo-hyun

Into the Waves of Democracy

25

무엇을 위해 기도하고 있을까?

What are they praying for?

열정
그리고
행렬

Passion and Procession

2023년 8월 28일 일본의 핵폐수 방류 반대

Opposition to Japan's discharge of nuclear wastewater on 28th Aug. 2023

2023년 7월 8일
일본대사관 평화의 소녀상 앞에서

In front of the Statue of Peace
located near the Embassy of Japan
in Korea on 8th Jul. 2023

진정한 **아름다움**은
진리를 향해 **나아가는 것**이다.
그리고 이들은 **이미 아름답다.**

True beauty lies
in the pursuit of truth.
And they are already beautiful.

2023년 5월 18일 광주 5·18 민주화 항쟁 기념 공연

Gwangju 5·18 Democratic Uprising Commemorative Performance on 18th May 2023

민중의 부활

Resurgence of the People

비가 오나 눈이 오나,
어떤 날에도
촛불은 꺼지지 않았다.

Rain or snow, on every day,
the candlelight endured,
undiminished.

누가 성난 민중을

막을 수 있나?

Who
can stop the
enraged masses?

민주파괴
검찰독재
윤석열
타도!

촛불행동

The public
sentiment
is exploding.

폭발한민

Empathy

함세웅 신부의 행진,
그건 우리에게 커다란 용기가 되었다.

The march led by Father Ham, Se-woong
became a profound testament to our
collective courage.

Citizen's anger
towards the government

2023년 6월 10일
10th Jun. 2023

분노

역사의 흐름을 직시하며

Confronting the flow of history

민생파괴, 정치□□

무능한 대통령 윤석열은 퇴진하라!

The incompetent president Yoon, Seok-yeol should resign!

행 진

Marching

2023년 6월 10일 6월항쟁 정신의 계승

Carrying on the spirit of the June Protest(10th Jun. 2023)

뜨거운 마음들이 하나 되어 불의한 권력의 성채를
무너뜨리리라.
With hearts ablaze in unity, we shall bring
down the fortress of unjust power.

일본대사관에 핵오염수 방류에 대한
공개서한 전달

Delivering an open letter to the
Japanese embassy regarding
the discharge of nuclear
wastewater

The resignation
is the very peace.

퇴진이 평화다

국가 존재의 이유

2014년 4월 16일. 세월호를 타고 제주로 향하던 고등학생 300여 명이 바다에서 목숨을 잃었다. 그러나 국가는 책임지지 않았다. 2022년 10월 29일. 할로윈을 즐기려던 159명의 젊은이들이 인파에 휩쓸려 땅 위에서 목숨을 잃었다. 그러나 국가는 책임지지 않았다. 그리고 2023년 7월 15일 충청북도 청주시의 한 지하차도에서 폭우로 인한 침수로 14명이 목숨을 잃었다. 하지만 여전히 국가는 책임지지 않았다. 그리고 나흘 후인 2023년 7월 19일 오송 지하차도 사고의 실종자를 수색 중이던 해병대 병사가 수색작업 중 급류에 휩쓸려 목숨을 잃었다. 그러나 국가는 책임지지 않았다.

오히려 사건을 은폐하고, 책임자는 자신의 책임을 회피하며, 사고의 원인조차 밝히려 하지 않는다. 도대체 국가 존재의 이유는 무엇인가? 국민의 생명과 재산을 지키지도 못하는 국가가 존재할 가치가 있단 말인가?

그러나 국민은 이러한 참사의 슬픔을 마음속 깊이 간직한다. 한순간도 안타까운 희생자를 잊지 않는다. 그리고 국민은 참사의 원인을 끝까지 밝혀낼 것이라 다짐한다. 희생자 가족의 슬픔이 마치 자신의 슬픔인 양, 국민은 그들 곁에서 그들을 위로하고, 그들과 함께 울고, 그들의 손을 잡아주며, 국가가 하지 못한 아픔의 치유를 대신하고 있다.

오늘도 국가의 안이함에 희생당한 모든 이들을 위해 마음 속 깊은 애도를 표한다.

Apr. 16, 2014. Over 300 high school students on board the ferry Sewol, heading to Jeju, tragically lost their lives at sea. However, the nation did not take responsibility. On Oct. 29, 2022, 159 young individuals, looking forward to enjoying Halloween, lost their lives on the ground, swept away by a crowd. Yet, the nation did not take responsibility. Then, on Jul. 15, 2023, in a subway tunnel in Cheongju, Chungcheongbuk-do, 14 lives were claimed due to flooding caused by heavy rain. Still, the nation did not take responsibility. And four days later, on Jul. 19, 2023, a marine soldier involved in the search for missing individuals from the Osong subway accident lost his life in the swift currents. However, the nation did not take responsibility.

Instead, the incidents are covered up, those responsible evade accountability, and the very causes of the accidents are not disclosed. What, then, is the reason for the existence of the state? Is there any value in the existence of a state that cannot protect the lives and property of its citizens?

However, the citizens carry the sorrow of these tragedies deep within their hearts. They never forget the poignant moments, always remembering the victims. The citizens pledge to uncover the causes of the tragedies completely. Embracing the grief of the families as if it were their own, the people stand by them, offering comfort, shedding tears together, holding their hands, and filling the void of healing that the nation couldn't provide.

Today, once again, deep condolences are expressed for all those who have fallen victim to the irresponsibility of the nation.

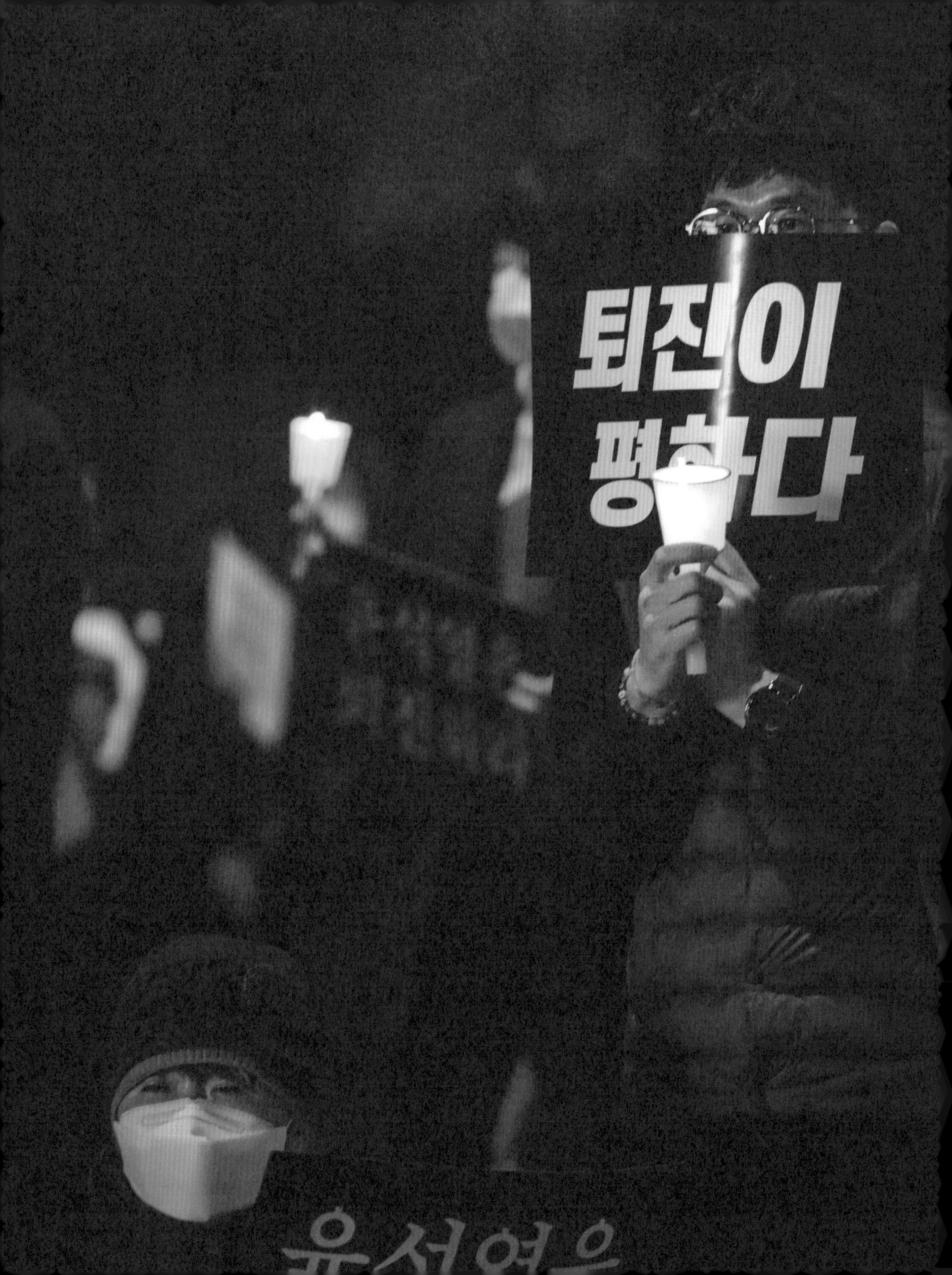
퇴진이

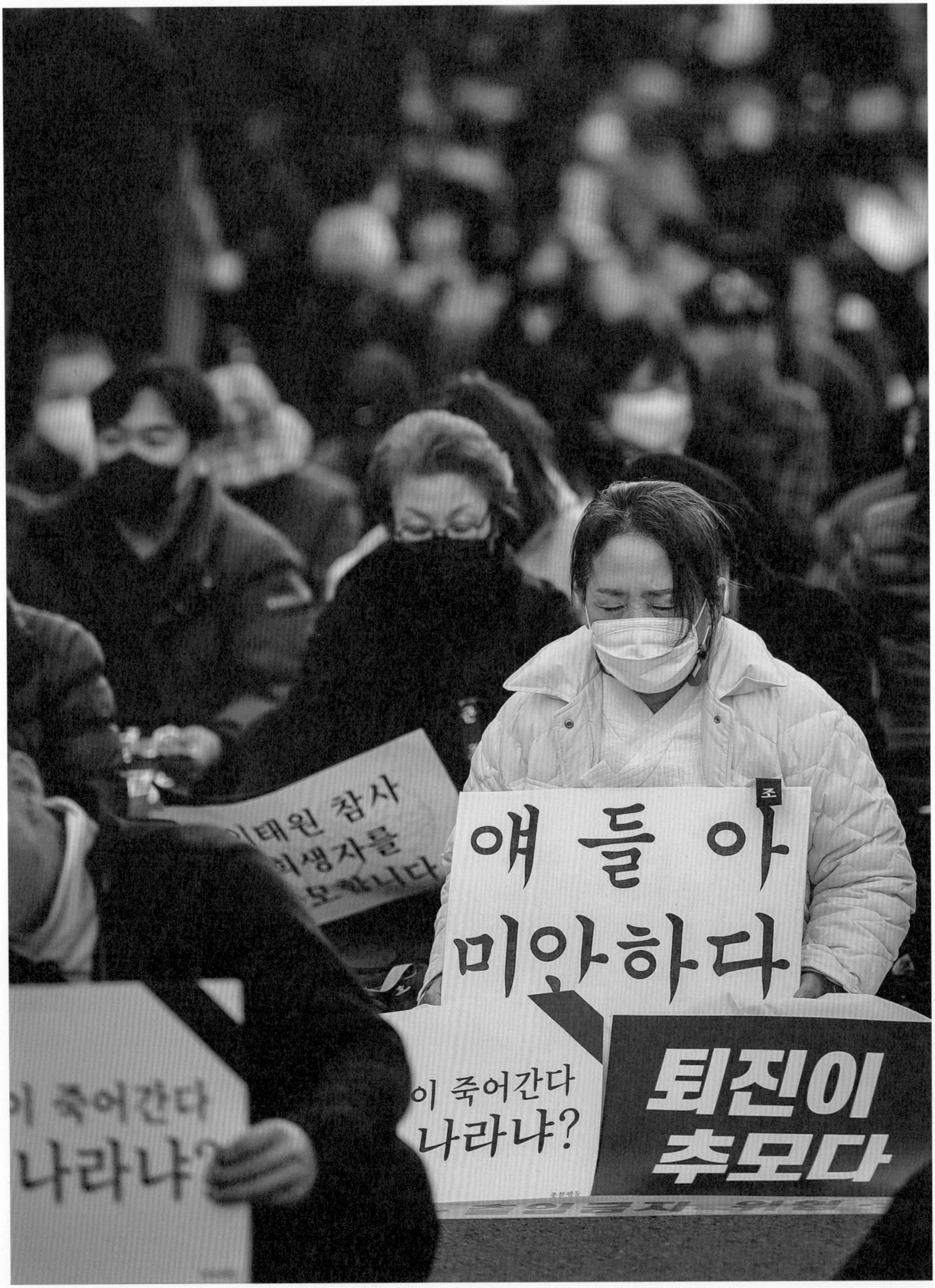
얘 들 아
미안하다
퇴진이
추모다
이 죽어간다
나라냐?

2022년 11월 26일 이태원 참사 희생자를 위한 추모 공연

A memorial performance for the victims
of the Itaewon tragedy on 26th Nov. 2022

하늘에서는 평 안 하 소 서

May they rest in peace in heaven.

무책임한 참사를 불
이태원 참 를 추모합니다

국민의 생명을
지키는 것이
국가의 의무다.

Safeguarding the lives
of the citizens is the paramount
obligation of the nation.

슬픔

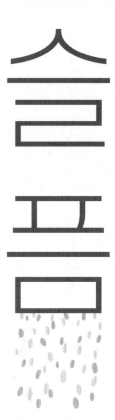

모두가 기억하는
이 통곡이여!

Oh, the lament that
everyone remembers!

Sadness

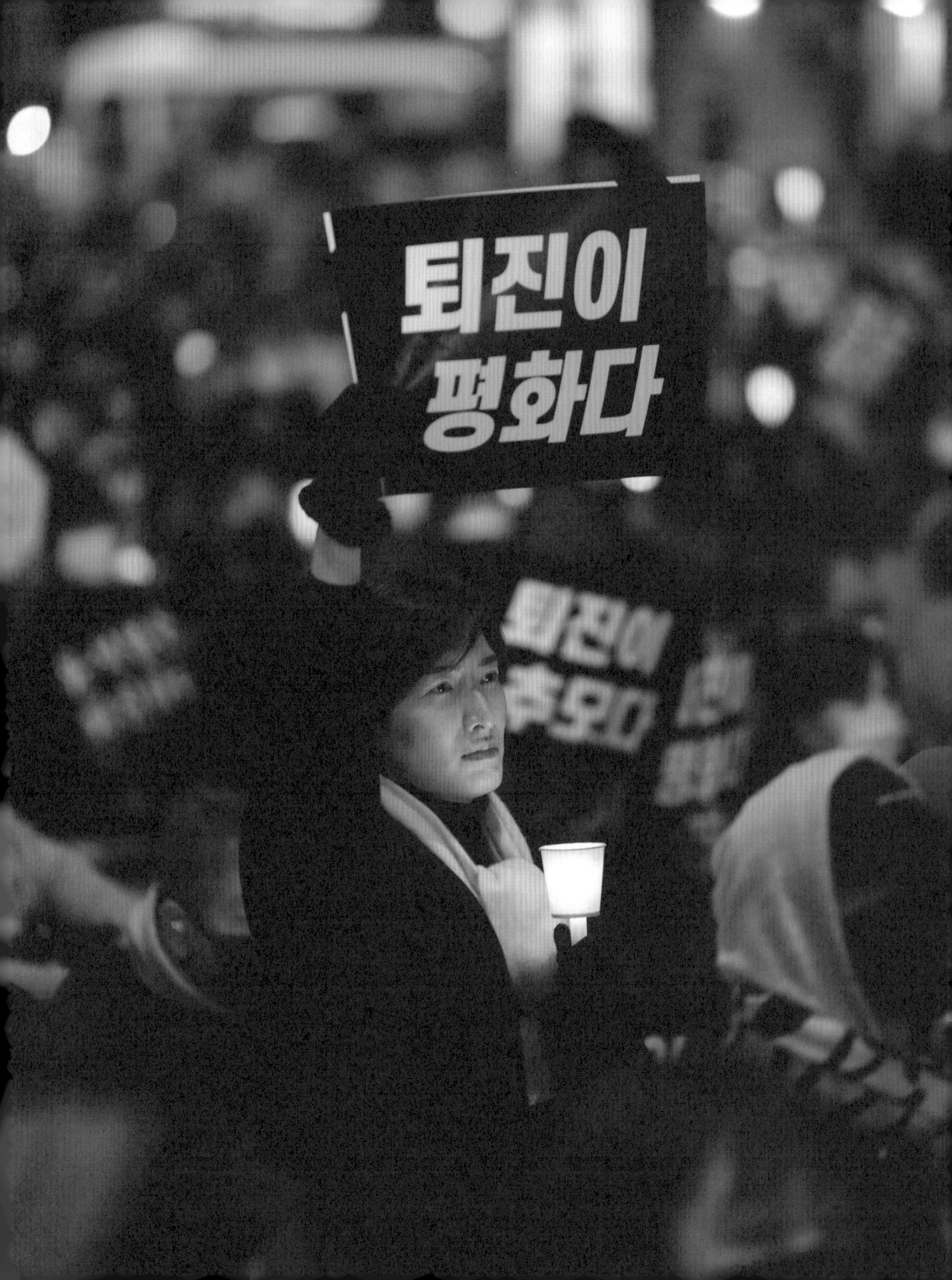
퇴진이
평화다

잊지

We won't forget all of you.

잊을게.

We won't forget all of you.
We won't forget all of you.
We won't forget all of you.

아, 양회동 열사여!
민주노총 조직 책임자이자
촛불행동 회원이었던 그.
"윤석열 정권을
끝장내주십시오!"
마지막 남긴 유언이었다.
우리는 이 유언을
결코 잊지 않을 것이다.

Ah, Yang, Hoi-dong,
the martyr!
He was an organizational
leader of the Minjoo
Nodong Union
and a member of the
Candlelight Action.
His last testament was,
"Bring an end to the Yoon,
Seok-yeol administration!"
We will never forget his
parting words.

민중의 힘

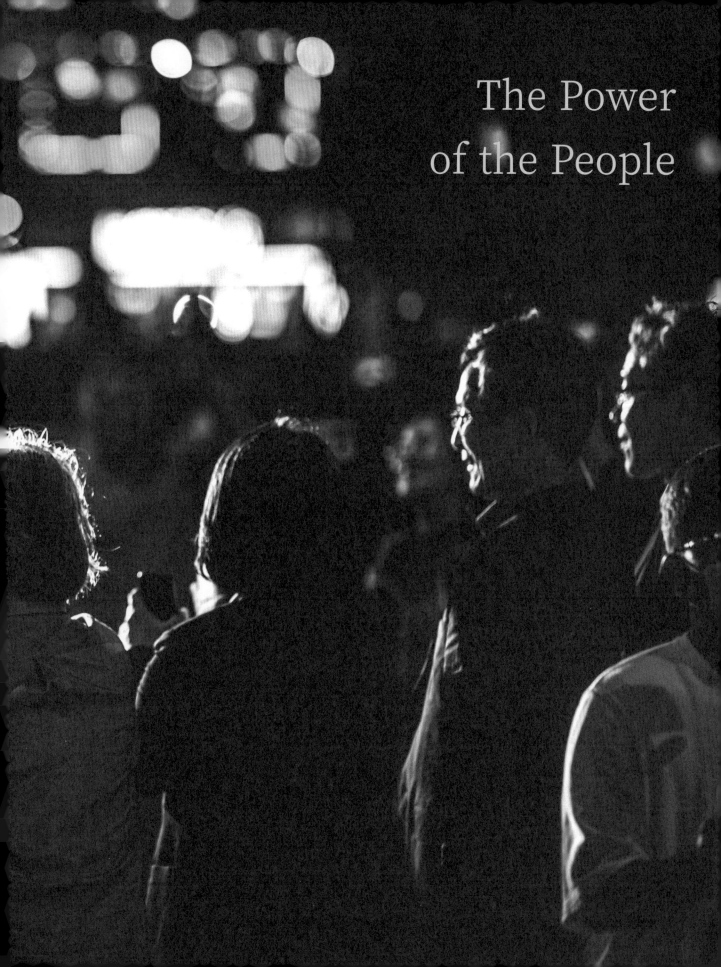

The Power
of the People

우리가
대한의
독립군이다!

We are the independence fighters of Korea!

격 Fervor 정

2023년 11월 4일
4th Nov. 2023

Beyond suppression,

탄압을   넘어

to impeachment

탄핵으로

홍범도 장군은 다시 우리 시대의 영웅이 되었다.

General Hong, Beom-do has once again become a hero of our time.

2022년 12월 31일 송윤영신

Let's impeach Yoon, Seok-yeol and welcome the new year(31th Dec. 2022).

민주국가로의 긴 여정

The long journey towards a democratic nation

열정

촛불의 문화예술 광장은
젊음의 힘이 함께
어우러지는 현장이었다.

The cultural and artistic
square of the candlelight
rallies was a space where
the vigor of youth came
together in unity.

Enthusiasm

광장의 미소

The smile of the square

희망을 향한
애틋한 시선

The earnest gaze toward hope

암 투병 중이던 조일권 선생은 끝까지 촛불 현장의 투쟁에 나섰다.
촛불은 그런 그를 깊이 기억하고 추모한다.

Despite battling cancer, Jo, Il-kwon participated in the
Candlelight Movement until the end of his life.
The candlelight community deeply remembers and honors him.

메 아 리

Echo

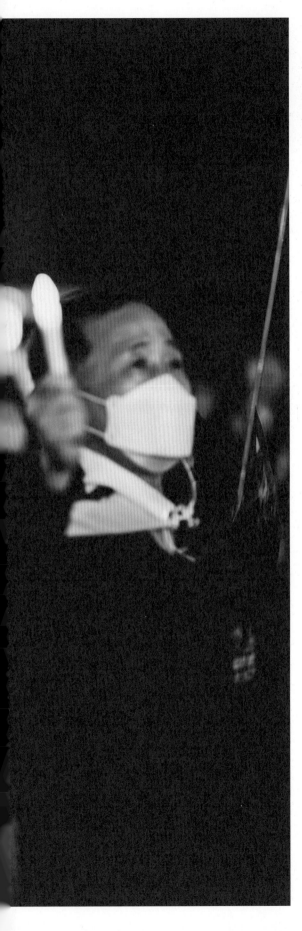

매주 **광장**을
지 킵 니 다

—— Every week, we stand on the square. ——

이미 **우리**는
가 족 입 니 다

—— We are already a family. ——

천주교정의구현전국사제단의 시국 기도회 공간 마련을 방해하는 경찰과
대치한 촛불행동. 경찰은 현장에서 촛불방해 공작 세력의 준동을 막지
않았고, 방관하거나 이들에 협조하는 태도를 보였다. 사제단의 행사를
위협하기조차 했다. 촛불행동은 이에 맞서 현장투쟁을 멈추지 않았다.

The police obstructing the space for the national prayer
gathering of the Catholic Justice Implementation nationwide
priests' group, countered by the Candlelight Action. The police
not only failed to prevent the subversive actions of those
disrupting the candlelight event but also demonstrated a stance
of either standing by or cooperating with them. They even
posed a threat to the priests' event. Despite this, the Candlelight
Action did not cease its on-site resistance.

저항 Resistance

2023년 5월 13일 13th May 2023

꺼져라! 전쟁세력, 검찰세력

꺼져라!

Get lost! War factions, get lost! Prosecutorial powers!

촛불 현장의 노래는 그 자체로 운동이다. 단결과 진격을 부르는 노래,
노래패 '우리나라'의 공연 역시도 이 치열한 싸움과 한몸이다.

The songs at the candlelight rally site are a movement in themselves. The
songs, calling for unity and progress, and the performances by the singing
group 'Our Nation' are also a part of this intense and unified struggle.

교감

Empathy

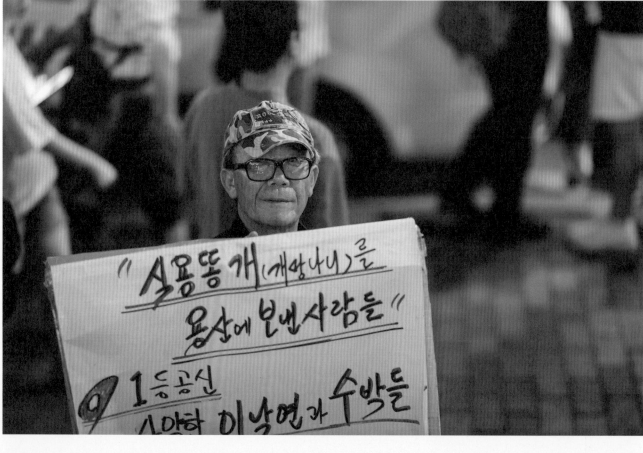

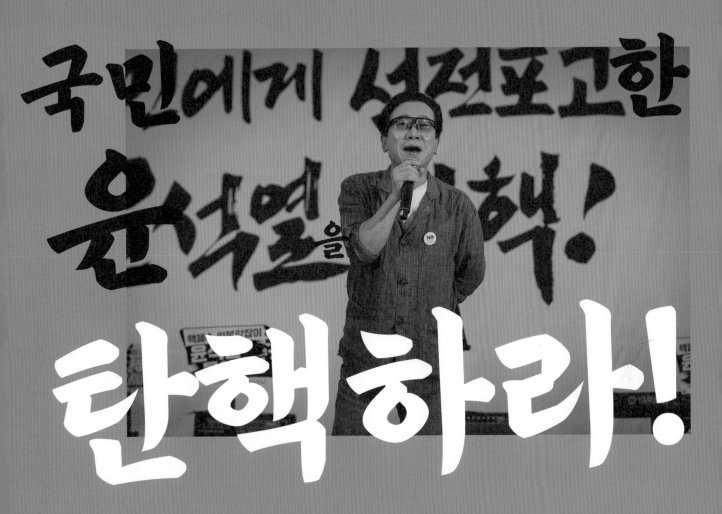

국민에게 선전포고한
윤석열을 탄핵! 핵!
탄핵하라!

Impeach
Yoon, Seok-yeol
who declared war on the people!

전 인류에 대한 **범죄**

A crime against humanity

일본은 **핵폐수 방류**를 즉각 **중단**하라!

Japan, cease the discharge
of nuclear wastewater immediately!

촛불행동과 천주교정의구현사제단의 연대는 '퇴진'에 이어
'탄핵'으로 함께하고 있다. 이 감격적인 포옹은 그 연대의 힘을
생생하게 뿜어내고 있다.

The solidarity between the Candlelight Action and the
Catholic Justice Implementation priests continues,
moving from calls for 'resignation' to 'impeachment'.
This poignant embrace vividly emanates the strength
of their unity.

연대

Solidarity

2023년 3월 20일
20th Mar. 2023

주가조작
도로조작

김건희 **특검**
수용하라!

Stock manipulation,
road manipulation:
Accept the special prosecutor
for Kim, Gun-hee!

수어 통역 자원봉사자

Volunteers providing sign language interpretation

포효

Roaring
speech

한 시대의 투쟁만으로 역사는 완결되지 않는다. 1970년대 민주화 투쟁에 나섰던 분들이 이제는 원로가 되었다. 그러나 이들은 지금도 여전히 현역이다. 이부영 선생의 포효는 역사의 함성을 그대로 담고 있다.

One era's struggle alone does not conclude history. Those who participated in the democratization movement of the 1970s have now become elder statesmen. However, even now, they are still active. The fervor of people like Lee, Bu-young encapsulates the roar of history.

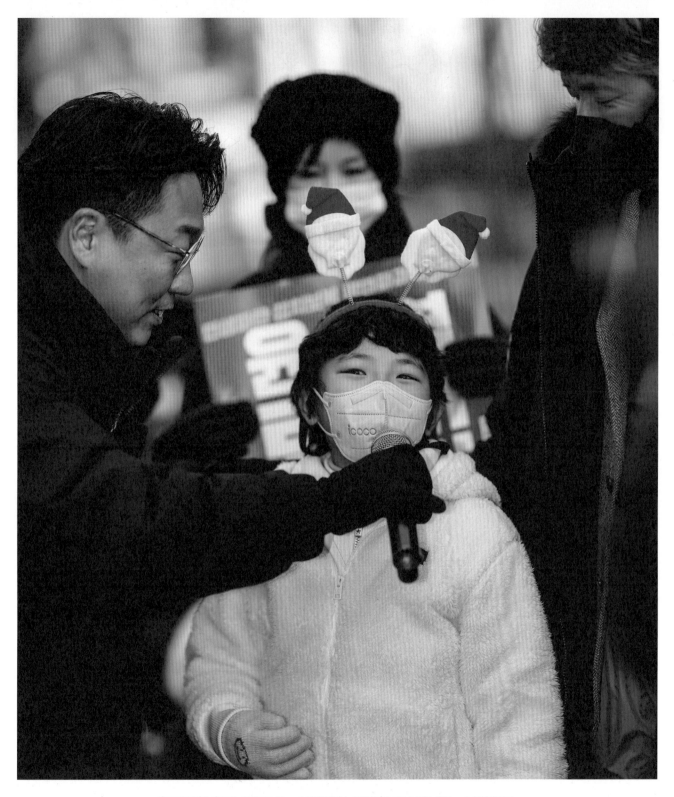

촛불집회 현장 인터뷰는 시민들의 생생한 육성을 듣는 시간이다.
이 아이들의 미래는 우리 모두의 책임 아니겠는가?

The on-site interviews at the candlelight rallies provide
a time to hear the vivid voices of the citizens. Is not the
future of these children the responsibility of us all?

함께라면 해낼 수 있습니다.

해학

할아버지 할머니 노래를 하고,
아들, 손자, 며느리도
함께 불러요!

민주주의 회복

When grandpa and grandma sing,
the son, grandson, and daughter-in-law
join in singing together!

Song for Restoring Democracy

풍자의 민족

The People of Satire

현장 기록자 박재동 화백(촛불행동 고문)은 행진하면서도 촛불집회 현장을 그린다. 우리 시대는 그렇게도 기록되어가고 있다.

Field recorder Park, Jae-dong, a senior advisor of the Candlelight Action and an artist, sketches the scene of the candlelight rallies even as he marches. Our era is being documented in this unique way.

고요한

함성

Silent shout

The Future Warriors of Democracy

Desire 口
十
口
〇

한 곳을
바라보며,
한목소리로

Looking at one place,

speaking

with one voice

하

Euphoria

2400-3

윤석열 1번,
퇴진이
답이다

2023년 5월 27일

27th May 2023

모

여

리

민주주의는
성취하는 것보다
지키는 것이
더 어렵다.

Protecting democracy

is often more

challenging

than achieving it.

우리에게
민주주의 수호란
축제와
같다.

To us, safeguarding democracy
is akin to a festival.

때로는 **탄식**으로, 때로는 **웃음**으로

때로는 **분노**로,

At times with anger,
at times with sighs,
at times with laughter

250

역사가 영웅들을
다시 소환하다.
History summons
the heroes once again.

역사의 길
The path of history

촛불의 명령!
윤석열
탄핵!

우리가 홍범도다!
천일파
처단

강제동원 셀프배상·일본해표기 침묵·오염수방
알고보니 일산이
구사

©Yi Ho

광화문 광장에 다시 우뚝 서는 그 날까지

Until the day when we stand tall again in Gwanghwamun Square

민주주의를 지키겠다는

Determination of defending our democracy will not waver.

우리의 **결의**는 **변치 않을 것**이다.

범국민 항쟁으로
윤석열
끝장내자!

그 날이 올 때까지

Until that
day comes

2023년 5월 27일
27th May 2023

진보

Progress

아니,
죽어서도 **지킬** 것이다. <small>Even unto death</small>

이 나라의 **민주주의**를.
I will defend democracy in this country.

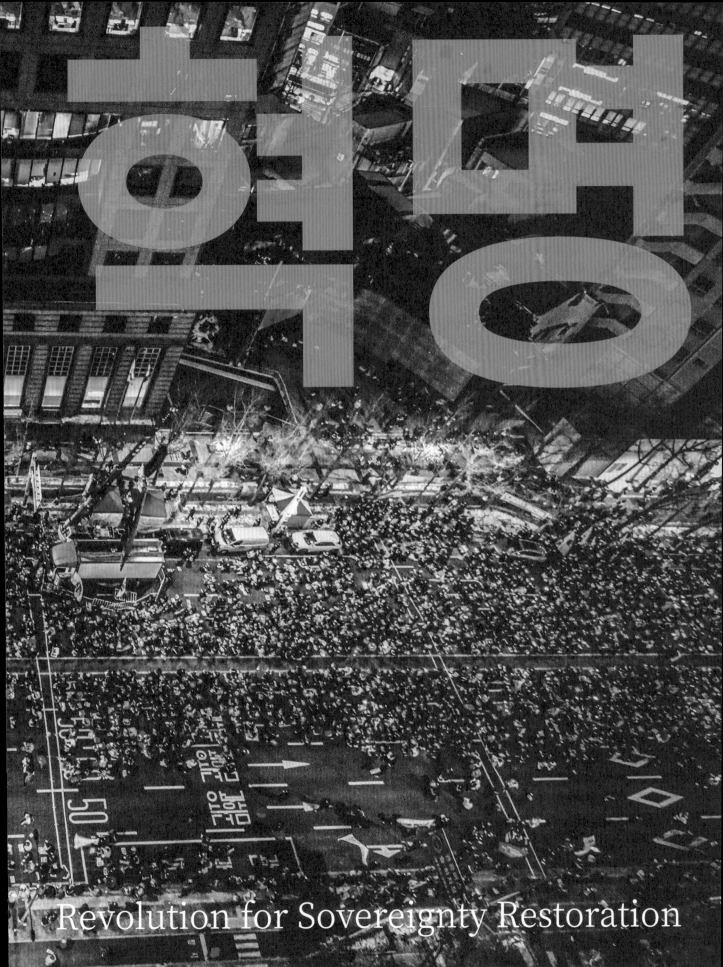

Revolution for Sovereignty Restoration

이호 작가는 촛불 그 자체다. 한 컷의 사진이 촛불로 타올라 횃불이 되고 들불로 전국 방방곡곡을 휘감아 돈다. 그의 사진에 이끌려 나도 하나의 촛불이 됐다. 모두가 앞만 바라볼 때 그의 카메라는 초라한 뒤쪽과 그늘진 아래쪽을 향한다. 그래서 감동이 있고 여운이 있다. 미래세대는 그를 촛불의 사관(史官)이자 촛불의 영웅으로 기억할 것이다. 나도 그와 함께 촛불의 역사가 되고 싶다. 그가 허락해준다면 큰 영광이겠다.

- 이정헌(전 JTBC 앵커)

이호 작가의 사진은 살아있다. 강렬하다. 그러면서도 따뜻하다. 사람 냄새가 난다. 그가 있었기에 장엄한 촛불의 역사가 생생하게 우리 모두에게 전달되고 있다. 시커멓게 타버린 작가의 얼굴에서 그의 헌신이 오롯이 느껴진다. 고맙고, 감사하다.

- 박시영(박시영TV 대표)

분노와 절망이 뜨겁게 타오를 때마다 이호 작가의 시선은 어김없이 희망과 설렘을 포착하고 있었습니다. 그렇게 우리는 함께 꿈꿉니다.

- 남영희(더불어민주당 인천 동구미추홀구을 지역위원장)

시민들이 모이는 곳이면, 더 나은 사회를 위해 외치고 힘을 합하는 곳에 그는 늘 함께 있었습니다. 이호 작가는 지난 1년 반 동안 촛불 현장을 지키는 파수꾼이었고, 기록자였습니다. 그의 렌즈가 듣고 보고 담아낸 땀과 함성의 생생한 일지를 시민언론 민들레는 감사의 마음과 함께 응원합니다.

- 이명재(시민언론 민들레 대표)

산 자와 죽은 자 가운데서 위로와 공감으로 절망과 분노의 에너지를 이겨내고 담아내는 이 시대의 예술가. 거리 곳곳을 누비며 카메라로 시를 쓰는 이호 작가님을 응원하고 존경합니다.

- 조정래(영화감독)

촛불시민들과 이호 작가님이 함께 만든 촛불항쟁의 기록이 사진집으로 출간된다는 소식에 가슴이 설렙니다. 이호 작가님의 활동을 보며 기록작업이 참으로 거룩하다는 것을 경험했습니다. 아스팔트 거친 길 위를 뛰어다니며 촛불시민들의 항쟁을 카메라 렌즈에 담아 기록하여 역사로 남겨주시는 이호 작가님의 헌신적인 활동에 감사와 존경의 마음을 전하며, 사진집 『촛불 그리고 사람들』 출간을 진심으로 축하드립니다.

- 윤미향(국회의원)

우리에게 알려진 독립영웅 외에도 많은 독립투사가 있습니다. 이 시대 진정한 독립투사와 같은 이호 작가님, 축하합니다. 늘 현장에서 함께 호흡하는 멋진 이호 작가님의 출판을 진심으로 축하드립니다.

- 서승만(행정학박사·개그맨)

뛰어다니며 흘린 땀의 가치로 얻은 보석 같은 결실들…. 모두를 주인공으로 만들어주는 그의 노력에 아낌없는 박수를 보냅니다. 촛불 현장과 민중의 함성 속에 그는 항상 있었습니다.

- 허세광(촛불시민)

이호. 그의 사진은 멋지다. 신기한 것은 그 멋이 화려함이나 기교에 있지 않다는 것이다. 되려 투박하며 담담하다. 그의 앵글 속에 담긴 현장과 사람들은 '무엇인가를 하고 있고 무엇인가를 생각하고 있다.' 그것이 보인다. 그 생생함과 때로 울컥하게 만드는 감성은 어디서 나오는 것일까? 이호 작가는 사진 안에 등장하지 않지만 사진 속의 인물들과 진하게 공감하고 연대하고 있는 것일까?

그래, 그러하겠지. 그러하고도 남겠지. 평소 그를 아는 사람이라면 알 것이다. 뜨거운 심장으로, 걸음으로, 울음으로, 때론 웃음으로, 카메라의 눈을 빌려 진심을 담고 있음을. 그래서 그의 사진은 멋지다.

그리고 자주 슬프다.

- 유정주(국회의원)

이호 작가는 촛불의 슬픔과 분노 그리고 열망과 환희까지 촛불의 모든 얼굴들을 포착해왔습니다. 시민행동이 모여 민주주의와 혁명을 이루듯 그가 포착한 순간은 민주주의의 기록으로, 나아가 역사로 남을 것입니다.

- 김남국(국회의원)

이호 작가의 사진은 매번 색다르다. 인물들의 표정과 뒷모습을 통해 서사를 표현하기 때문이다. 사진에 담긴 촛불은 민주주의의 역사요, 대중의 마음이다. 매 사진이 감히 퓰리처상 감이라 할 만하다. 이름 모를 시민들을 역사에 남기는 작가에게 감사와 경의를 표한다.

- 이성만(국회의원)

촛불 현장의 독보적 기록자, 이호! 촛불이 있는 곳이라면 어디든지 이호가 나타난다. 현장에서 "이호!"를 부르면 누구나 그의 사진기에 담긴다. 역사를 담아낸 사진 한 장의 힘이 얼마나 큰지 그의 사진집을 통해 확인한다. 그렇게 '이호'라는 이름은 광장의 이름 없는 촛불시민들과 함께 정의가 승리하는 그 날까지 밝게 빛나리라 믿는다.

- 김미경(별PD)

삶의 순간순간을 포착하는 멋있는 사람, 이호 작가님의 사진집 『촛불 그리고 사람들』 출간을 진심으로 축하드립니다. 촛불대행진과 촛불시민의 모습을 기록하는 이호 작가님의 활동은 대한민국 민주주의를 발전시키기 위한 또 하나의 노력입니다. 시대의 단면을 꼿꼿이 기록해 온 이호 작가님의 활동을 앞으로도 응원하겠습니다.

- 신현영(국회의원)

찍히면 거의 죽음인 세상에서, 찍히면 행복한, 단 한 사람, 이호 작가님! 사랑 담아 늘 응원합니다.

- 유정현(목사)

카메라를 든 글래디에이터! 응원합니다~

- 김수진(촛불시민)

1억 8,000달러의 가치!!

- 윤여길(김용민 의원실 보좌관)

촛불을 아름답게 만드는 우리 동지님들, 그 촛불동지님들을 더 근사하게 담아주시는 우리 이호 작가님~ 항상 응원하고 존경합니다.

- 윤용희(촛불시민)

글은 엉덩이로 쓰고, 사진은 발로 찍는 것.
촛불을 밝힌 장소에 그가 있었습니다.
함성이 있는 거리에 그가 있었습니다.
그의 사진은 오롯이 발로 기록한 뜨거운 역사입니다.

존경하는 이호 사진가께서 지난 일 년 반의 촛불 현장을 기록한 사진집『촛불 그리고 사람들』출간을 앞두고 있습니다. 지인들에게 책에 넣을 응원 메시지를 부탁드렸다지만 단 한 번의 부탁도 받지 않은 저는;;
거절도 못 하는 처량한 처지입니다.
그러나 대인배답게 응원은 합니다.

- 아트만두(작가)

이호 작가님의 렌즈에는 권력자가 없습니다. 오로지 가난하고 힘없는 이들과 함께하는 사람들만이 존재할 뿐입니다. 시대의 역사가 그의 렌즈에서 기록되고 있습니다.

- 김준혁(한신대학교 교수)

독립운동가들이 항상 멋진 양복을 입고 사진을 찍었던 이유는, 이번이 죽기 전 찍는 마지막 사진이라 생각했기 때문입니다. 뒤를 생각하지 않고 늘 현재 내가 할 수 있는 것에 결기를 갖고 싸웠기에 오늘의 우리가 있는 것입니다. 그리고 멋진 독립운동가들의 사진이 남아 있기에 우리는 그들에게 존경을 표할 수 있습니다.
촛불이 있는 곳엔 항상 이호 작가가 있었습니다. 현장에 나가지 못할 때도 이호 작가의 사진을 보며 현장 분위기를 느낄 수 있었습니다.
분노하는 시민, 흐느끼는 시민, 서로 위로하는 시민 그리고 웃고 있는 시민들의 얼굴 하나하나를 기록했습니다. 이 사진들로 우리는 또 머지않아 이렇게 세상을 바꿨음을 기억할 수 있습니다.
바로 응원 글을 부탁받지 않은 제가, 이 글을 쓰는 이유입니다.

- 임그린(새날)

촛불이라는 이름으로 모인 동지들이 있었기에 세상은 조금씩 천천히라도 바뀌고 있다고 생각합니다. 그리고 그들을 카메라 렌즈로 기록한『촛불 그리고 사람들』의 이호 작가님과 현재도 촛불을 들고 계시는 동지들을 항상 응원합니다!!

- 전민정(촛불시민)

광야에서 촛불을 외친 자!

- 우희종(교수)

오천만 국민 모두 다 찍을 때까지 호야는 달린다~~!!

- Soonyi Park(촛불시민)

휴일을 즐기는 마음으로 시청 앞 대로를 가득 채우시는 동지님들 사랑합니다.

- 신광종(촛불시민)

미련한 이호 작가의 미련한 사진집『촛불 그리고 사람들』발간을 축하하며

지긋지긋하고 끔찍했던 시간도 지나가고 나면 순간이다. 박근혜 퇴진 촛불을 들고, 정권이 야당으로 바뀌자 우리는 쉽게 세상이 변했다고 낙관했다. 낙관이 난관으로 바뀌는 것 역시 순간이다. 윤석열 정권이 들어선 이후 미련한 사람들은 다시 촛불을 들었다.
살아간다는 건 좋은 날도 나쁜 날도 함께해야만 한다. 아무리 힘든 인생살이라 해도 그 또한 지나가고 잊힌다. 사람들의 인생의 무게는 그래서 똑같다. 사람들의 삶의 무게를, 촛불의 뜨겁고 열정적인 의미를 담는 사진작가가, 미련한 작가가 있다. 이호.
윤 정권이 들어선 이후 촛불광장에 늘 함께하며, 사람들과 더불어 울고, 웃고, 분노한 작가. 그의 사진에는 함께한 동료와 촛불의 동지만 담겨 있는 것이 아니다. 투쟁의 추억, 진실한 사랑이 깊은 내면에 깔려 있다.
미련한 용기로 첫 사진집을 남들을 위해서 출판하는 사람. 눈앞의 현실을 따뜻한 풍경으로 녹여내 사람들을 훈훈하게 해주는 사람. 꼭 필요할 때 녹인 현실을 다시 분노의 힘으로 끌어올리는 사람.
이호 작가는 카메라를 친구처럼 동지처럼 함께하며, 촛불광장에서의 시간을 남들과 함께 나누려 한다.
사람들이여,『촛불 그리고 사람들』의 풍경 속에 머무르다가 잠시 쉬고 다시 용기를 담아서 일어나시길.
포근한 쉼표가 되고 따뜻한 바람이 되는 이호 작가의 사진집은 우리 시대의 등대다. 우리를 바라보는 거울이다.
가끔은 미련한 우리의 사진작가 이호가 이제는 행복해졌으면 좋겠다. 가끔은 더 많이 주목받았으면 좋겠다.

2023년 11월 3일 상상의 보물창고 안서동 연구실에서

- 고경일(상명대학교 예술대학 교수)

이호에게

거리에서 삶의 생생한 생이기를
익숙해지거나 안주하지 말며
거리에서 주어진 셔터음으로
떨림의 생으로 힘찬 길을 가시길

- 이은경(촛불시민)

이호 작가의 렌즈 속 세상은 뜨겁게 치열하고 눈물겹게 아름답다. 그 치열하고 아름다운 모습을 묵묵히 기록하는 그가 있기에 역사는 오늘의 광장을 기억할 것이다.

- 장순남(촛불시민)

국민이 이긴다!!! 촛불이 이긴다!!!

- 황규돈(촛불시민)

촛불영웅의 영원한 동지 이호!!!

- 민은정(촛불시민)

마음을 찍을 줄 아는 유일무이 사진작가!

- 김은진(촛불행동 공동대표·교수)

촛불 그리고 사람들

지난 8월 일본에서의 아이고展에 참가하기 위해 인천공항에서 처음 만난 그는 덩치가 컸고 인상도 험악한 데다 표정까지 뭔가 억울한 표정을 하고 있었더랬다. 알고 보니 집합 장소에서 일본에 가져갈 도록을 서로 나눠서 캐리어에 담기로 했었는데 정작 본인은 다른 여객실에서 출발이었는데도 시간에 맞춰서 집합 장소까지 오는 중 넘어져서 다쳤던 것이었더랬다.

별거 아니라고 말하는 그의 얼굴에는 '나 무지하게 아프다'고 쓰여 있었음에도 불구하고 꽤 많은 양의 도록을 캐리어와 등 가방에 나눠 지고는 다시 자신이 탈 비행기 대합실로 뚜벅뚜벅 걸어가고 있었다.

그와 나는 일본에서 같은 숙소에서 묵게 되었는데 며칠이 지나도 그의 발이 낫지를 않아 밤이면 발가락 통증이 너무 심해 잠을 제대로 이루지 못해서 일본의 편의점에서 국산 초록병 진통제를 구해다 마시곤 했더랬다.

다음날에도, 또 그다음 날에도 그는 발가락 통증이 오히려 더 심해졌는지 계속 발을 절고 온몸이 젖도록 식은땀을 흘리고 있었음에도 불구하고 '기록'을 향한 걸음은 오히려 더 빨라지고 있었다.

'간토대학살 100년 만의 통곡' 아이고展을 비롯하여 '봉선화의 집'에서의 간토대학살 관련 장소 역사 탐방, 일본인 작가들이 주최한 차별 반대 집회까지… 역사와 사람이 만나는 순간에는 항상 그가 카메라를 들고 서 있었다. 그는 카메라의 프레임에 담을 진실, 진심의 기록들을 위해 때로는 바닥에 엎드리기도 하고 또 때로는 높은 장소에 오르기도 하면서 몸을 사리지 않았더랬다.

내가 그의 사진 중에서 가장 좋아하는 '아라카와 강변에서의 신민자 선생님' 사진은 그렇게 탄생했다. 고령이심에도 불구하고 몸을 사리지 않고 이곳저곳을 종횡무진 걸으시며 한국에서 온 우리에게 역사의 진실을 하나라도 더 말씀해 주고자 하셨던 그 의지가 그의 사진 속에 고스란히 담겨 있었다.

지하철을 타고 돌아오는 길에 어딘가에 발을 부딪쳐서 너무 괴로워하시길래 발에 부담 좀 더시라고 한사코 거절하시는 그의 사양을 내가 다시 거절하면서 잠시나마 그의 등 가방을 나눠서 진 적이 있었는데… 엄청 무거웠더랬다. 이 무거운 걸 메고, 들고, 그렇게 많은 곳을 돌아다니셨다니. 가방에서 나는 땀에 전 쉰내가 오히려 나에겐 존경을 자아냈더랬다.

그런 그가 11월 28일에 『촛불 그리고 사람들』 사진집을 발간한다. 서울에서의 촛불집회 때마다 항상 길 위에서 촛불시민들의 진심을 담아 오셨던 분, 이호 작가님. 일본에서의 아이고展 참가 때문에 처음으로 촛불집회를 빠지게 되었으니 더 열심히 돌아다녀야 한다고 하시면서 씨익 웃으시던 분. 며칠 뒤에 예약판매 링크가 나오면 글을 쓰려다가 이렇게 먼저 글을 쓰신 분들과 함께 붐업 조성에 동참해 봅니다.

항상 뒤에서 카메라를 들고 피사체를 프레임에 담으시던 분을 저도 제 프레임을 통해 소환하며, 일본에서의 차별 반대 집회에서 함께 연대 발언해주셨던 이호 작가님의 그 멘트를 약간 수정해서 저도 제 마음을 대신 전합니다. "늘 기억하고 함께하겠습니다. 간바레 이호상~!!"

— 조아진(작가)

촛불영웅들을 기록하는 렌즈 뒤의 촛불영웅!

— 강동섭(촛불시민)

역사의 현장에 있던 무명의 독립군들의 모습을 발로 뛰며 담은 소중한 기록물.

— 한병학(촛불시민)

이기는 촛불
이기는 대한민국!!!
빛나는 등불
코리아여,
타오르소서!!!

— 정윤금(촛불시민)

억강부약(抑强扶弱) 대동세상(大同世上)이 만들어지는 그 날까지 아스팔트 위의 촛불은 꺼지지 않고 이호 작가님의 렌즈와 함께 불타오를 것입니다.

— 김다니엘(김충석)(촛불시민)

싸우면 어떻게 되는지 몰라서 싸우는 게 아니라 싸우지 않으면 어떻게 되는지 아니까 싸우는 것이다.

— 김영아(대구경북 더민주포럼 대표)

이호 작가님, 『촛불 그리고 사람들』 출간을 진심으로 축하드립니다!^^
작은 렌즈를 통해 역사는 기록될 것이다.
"촛불" 그날의 함성과 외침을….

— 강병인(촛불시민)

대한민국 국민 누구도 촛불을 들지 않아도 되는 그 날이 오길….
이호 작가님께서 가족 친구들과 행복한 주말을 오롯이 보내는 그 날이 오길 소망합니다!!

— 이슬아(촛불시민)

'촛불로 승화시킨 사람 사는 세상'을 만들어 주는 이호 작가님은 인간 촛불입니다. 고맙습니다.

— 우귀옥(촛불시민)

내 인생 최고의 촛불에서 내 인생 최고의 사진을 만났습니다.

— 서지연(촛불시민)

함께했던 날들이 희망이었다!
그 중심에서 제일 노고 많으셨고요~
앞으로도 빛나는 일들만 가득 있으실 거예요!

— 김수호(촛불시민)

"저분이 이호 작가님이구나~" 했던 날이
2022년 12월 31일 집회였네요~^^
집회 중에 먼저 인사드렸는데 스스럼없이 환하게 웃어주셨어요.
뒤풀이 식사 가서 ○○회관에서 또 만났지요.
첨 뵌 날 하루에만 서너 번 인사한 듯!ㅎㅎ

— 권려원(촛불시민)

먹고살기 바쁜데… 촛불 들기는 더 바쁘다!! 룬석열, 이제 그만!!

— 엄득종(촛불시민)

저를 더 힘차게 투쟁할 수 있게 해주시는 고마운 분. 감사합니다.

— 한덕균(촛불시민)

용기 내어 함께해준 모든 이들에게 감사함을~~ 우리는 반드시 승리하리라….

- 한은미(촛불시민)

역사를 기록하는 위대한 여정.

- 박봉춘(촛불시민)

세상의 빛이 되는 자격요건이란 없다.
우리 삶 속 불의에 분노하고 함께 아프고 슬퍼하며 거리로 광장으로 나와 외치고 촛불 하나 드는 것으로 충분한 것이다. 그래서 우리와 같은, 또는 다른 수많은 이들과 함께 울고 웃고 함께 외치면서 서로가 서로에게 힘이 되고 세상을 밝히는 빛이 되는 것이다.
이호 작가는, 일상은 다르지만 매주 토요일엔 광장에서 늘 같은 곳을 바라보고 정의를 열망하는 우리 촛불시민들의 모습을 오롯이 담아 촛불 밖의 세계에 전하는 또 하나의 커다란 빛이다.
수많은 민주시민의 빛을 기록하고 담아낸 이호 작가의 빛, 세상의 정의가 바로 서는 그날까지, 물론 그 이후에도 우리 촛불시민들은 빛을 넘어선 등불이었다고 기억할 것이다.
덧) 1년이 넘는 기간 동안 몰라보게 수척해진 이호 작가의 몸도 우리는 생생히 기억할 것이다.

- 김빈(촛불민주시민)

운 좋게 이호 작가님과 동행할 기회가 있었습니다. 바윗덩이 같은 촬영 장비를 몸의 일부처럼 짊어지고서, 둥근 웃음과 예술가의 포스를 동시에 발하는 모습에 충격과 감동을 골고루 받았습니다. 그날 저는 카메라를 든 촛불을 그렸습니다.
이호 작가님의 사진집 『촛불 그리고 사람들』이 곧 출간될 예정이라고 합니다.
어두운 세상에서 더욱 빛나는 촛불 같은 사람들, 그 따뜻한 기록은 모두에게 두고두고 소중한 선물이 될 것입니다. (저도 요청은 안 받았지만) 진심을 담아 응원과 감사를 전합니다.

- 클로이 초이(작가)

여기 촛불이 있다.
여기 시민이 있다!
사람이 꽃보다 아름다울 수 있음은
꽃은 시인이 그 이름을 불러주기까진 무명의 꽃이었듯
이름 없는 시민들이 이 땅의 주인임은 그의 카메라가 증언함으로써 되살아난다.
시민들의 분노와 외침, 주권자로서의 목소리를 담는 사진시.
한 장의 사진에 역사와 정의와 진실이 담겼다.
하나이면서 함께인 이 나라의 주권자의 얼굴이 그를 통해 생생히 드러난다.
이 한 권의 사진집은 깨어있는 시민과 시민의 사진사가 만들어내는 콜라보이자 주권자로서 우리 자신의 모자이크다.

- 조형덕(회계사)

호위어사 이호님 ^^* 사진을 빛에 빚진 예술이라고 하지요. 호위어사 이호님 사진은 촛불에 빚졌다. 그래서 더 빛난다.

- 김현성(광주광역시 경제진흥상생일자리재단 대표이사)

촛불 그리고 사람들

제목으로 이미 알 것 같은 사진집. 익숙하지만 가슴속 저 아래 울렁거리는 무언가가 올라온다. 기록은 기억을 지배하고 기록이 없으면 모두가 추억이란 이름으로 희미해지는 것을 인간은 안다. 그 기록자. 이호 작가가 드디어 그 수십 수백만 장 사진을 정리해 책을 낸다.

11월

괜히 11월일까
마음 가난한 사람들끼리
따뜻한 눈빛 나누라고
언덕 오를 때 끌고 밀어주라고
서로 안아 심장 데우라고
같은 곳 바라보며 웃으라고
끝내 사랑하라고
당신과 나 똑같은 키로
11
나란히 세워놓은 게지

사랑하는 이호준 형님시인의 詩 '11월'의 모든 행이 이호 작가를 가리킨다. 사진집도 11월 10일, 예약판매를 시작한다니 맞춤이다. 내 아내를 꼬박꼬박 형수라 칭하는 그는 아내와 동기인 세대. 학생운동의 마지막 기수일 그가 아직 현장에 있는 것이 고맙고 위대해 보인다. 철밥통인 교수직을 때려치우고 거리에 나선. 매주 토요일 시청 앞 대로 인파 사이에서 앞에서 뒤에서 위에서 종횡무진인 그가 그저 건강 잃지 말기를. 오늘(11.4.)도 역시 그곳에 있을.

- Danny Im(작가)

바쁜 일 뒤로하고
비가 오나 눈이 오나
매주 촛불집회 참석하시는
깨시민들
존경하고 감사하고
사랑합니다
멋진 작품으로
촛불시민들을 아름답게
담아주시는
이호 작가님 감사합니다
주님께서 작가님과
작가님 가정에
영적 물적 필요한 은총 주시기를
기도합니다
아멘

- 최인희(촛불시민)

고맙습니다…. 나의 2호 아니고… 이호님….
저, 여러 번 찍어주셨잖아요…. 삶도 가르쳐주시고….
꼭… 잘 지내주셔야… 이 나라도 살맛이….

- 김민정(가수)

313

1.
역사책 또는 뉴스에 나오는 사진들은 당대의 주인공만을 담는다. 정치인, 유명인, 인기인…. 분명 그럴 만하다. 뉴스 가치가 있으니까. 하지만 그 뒷면에는 그 주인공들을 세워주는 수많은 민중이 있다. 수많은 인파 중의 한 명 한 명. 도로를 채우는, 깃발을 든, 피켓을 든, 수많은 이들 중의 시민. 영화가 끝나고 난 후 스탭롤이 나올 때 숫자로 이름이 붙어서 나올 거다. 1, 2, 3… 혹은 41650번째 시민 정도….

2.
이호 작가님이 책을 냈다.『촛불 그리고 사람들』
마치 바람이 봄을 전하듯 지인들의 계정에서 그 이호 작가님의 흔적들을 마주쳤다. 비록 같이 현장에 참여하지 못했지만 그 흔적들을 보면서 현장을 느꼈다. 이호 작가님 사진은 그동안 내가 혹은 많은 이들이 그저 풍경으로, 집단으로만 소비돼오던 이들을 주인공으로 만들었다. 수백 수천의 시민들이 각각의 프레임 안에서 대통령과 국회의원과 동일하게 주인공으로 존재감을 뽐냈다. 권력, 지위, 계급, 빈부 격차 없이 이호 작가의 프레임 안에서는 진정한 의미의 공평한 세계가 이루어졌다.

3.
세상에 관심을 지니고 거리에서 시민들의 분노, 울음, 웃음, 격정, 통쾌함을 담은 이호 작가님의 사진집 발간을 진심으로 축하합니다.
#이호 #촛불그리고사람들

- 권동희(작가)

촛불 그리고 사람들.
작가님의 살아 있는 사진은 역사의 기록이자 또 하나의 촛불입니다. 광장에서, 거리에서, 사람을 사랑하는 작가님의 진심이 가슴 뭉클하게 다가옵니다.
작가님의 사진은 무심코 그냥 넘길 수가 없습니다. 사진 한 장 한 장이 곧 우리들의 삶이고, 우리의 역사이기 때문입니다. 현실이자 역사가 되어버린 촛불광장. 촛불이 승리할 때까지 작가님의 큰 결음을 응원하며 언제나 함께하겠습니다.

- 김용민(국회의원)

사람들의 목소리를 마주한다는 것은 어떤 의미일까? 누구나 하고 싶은 말이 있을 테니 들어주는 것이 그다지도 어려울 일이야 할 수 있을지도 모르지. 또 어떤 경우에는 사람이라고 늘 '자기 하고 싶은 말이 있을 리가' 할지도 몰라. 그래도 함께 살아가는 이들이 있다면 혼자만 이 길에 내쳐져 어떻게든 가야는 게 아니라면 말이야. 걸어가는 다른 누군가들을 생각하게 되기 마련이고 또 함께 가주는 그들을 자연스레 바라보게 되는 거지.

그리고 '응' 그러고 나면 내 안에 담아두던 것들을 꺼내 보이고 싶기도 하고. 또 같이 가는 그들 역시 자신들의 생각을 나누고 싶어 하게 되는 거야. 그렇게 서로 보다가 듣다가 그러는 중에 나아가는 걸 거야. 그럴 때마다 '아, 내 말이 더 중해. 듣는 건 조금 뒤로 미루자. 우선 내 말을 먼저'라고 하는 이들도 있겠지, 물론. 그러니까 그래서 말이야, '서로 들어주는 게 어쩌면 이다지도 좋은가' 더더욱 생각하게 되기도 할 거야.

들어주는 거. 그 누군가들의 시간을 생각을 삶을 함께 걸어가 주는 거일 테니까. 들어주는 이의 시간을 말하려는 이의 공간으로 온통 물여지게 하는 고마움이라니…. 그러니 같은 생각을 나눈다는 건 그건 그 얼마나 아름다운 걸까. 우리 철저히 다른 길 갈 수도 있었을 텐데. 어떻게 하필이면 우연히도 같은 생각을 나누고 같은 길을 갈 때 말이야. 그건 좀처럼 머리에서 떠나지가 않을 만도 해. 너무 아름다우니까. 그걸 한참이나, 오래도록, 여전히 들어주고 담아주는 데다가 환하게 더 빛나게 해주는 거라면, 아! 거기에 대체 어떤 표현을 해야 할까?

매분을 매일을 당연하다는 듯 남겨 주는 그를, 여러 해를 여러 번 돌아야 일어났을 법한 수많은 장면을 쉼 없이 담아내는 그를, 우리가 여기 함께 가는 걸 말없이 들어주는 그를, 우리 다만 홀로 떨어져 두려워하지 않아도 된다고 어느새 달려와 들어주는 그를, 생각하지 않을 수가 없잖아. 그러니 이제 맑게 분명히 드러내 보이는 그의 눈이 머문 자리들을 들어봐야지. 그의 시선이 우리였잖아.

- 김레이시(작가)